Isolde Ohlbaum

Aus Licht und Schatten

Engelbilder

KNESEBECK

Flügel aus Pappkarton, beklebt mit Goldfolie, ein langes weißes Nachthemd mit goldenen Litzen und Borten, ein Stirnband mit einem Glitzerstern – die Requisiten für einen kleinen Engel. Ich war fünf und sehnte den Tag herbei, an dem ich sie endlich tragen sollte. Doch es kam anders. Aus Lampenfieber wurde echtes Fieber und ein anderes Kind durfte »meinen Engel« spielen.

In meiner Kinderwelt sahen Engel aus wie Menschen mit Flügeln, nur viel viel schöner. So schön, wie auf dem dick gerahmten Bild, das im Schlafzimmer der Tante über dem Bett hing. Vermutlich, weil es bei uns zu Hause so etwas nicht gab, stand ich immer wieder völlig verzaubert vor dem Schutzengel mit den großen Federflügeln, der in einer wilden Bergschlucht zwei einsame kleine Kinder sicher über den morschen Steg führte. Die Vorstellung, daß auch über mir so ein Engel schwebe, gefiel mir und es mißfiel mir, daß man ihn nicht sehen konnte.

Wunderbar kitschige Engelbilder wurden damals in Poesiealben geklebt, gesammelt, wie Briefmarken getauscht, waren Erinnerung an den Tag der ersten Kommunion und Belohnung im Religionsunterricht. Begehrt waren die Andenkenbilder Verstorbener, und schwer muß es meiner Großmutter gefallen sein, meinem Betteln nachzugeben und sich von ihnen zu trennen. Am allerschönsten jedoch war unser Rauschgoldengel. Wenn er aus dem Schuhkarton durfte, war Weihnachten, wenn er wieder darin verschwand, Dreikönigstag. Er sah aus, wie ein Engel aussehen mußte: mit langem, silbrigem, lockigem, weichem Engelshaar.

Doch Engel sahen nicht immer so aus. »Jeder von ihnen hatte vier Angesichter und vier Flügel. Und sie hatten Menschenhände unter ihren Flügeln nach ihren vier Seiten; … Ihre Angesichter waren vorn gleich einem Menschen und zur rechten Seite gleich einem Löwen bei allen vieren und zur linken Seite gleich einem Stier bei allen vieren und hinten gleich einem Adler bei allen vieren.« (Ezechiel 10,14)

Die Bibel ist auffallend zurückhaltend in der Beschreibung der Engel. Zu Jakobs Traum heißt es: »Er sah eine Treppe, die auf der Erde stand und bis zum Himmel reichte. Auf ihr stiegen Engel Gottes auf und nieder.« (Genesis 28,12)

Erscheinen sie den Menschen, tun sie es oft mit Blitz und Donner, lösen Furcht aus und Schrecken: »Sein Leib war wie ein Türkis, sein Antlitz wie ein Blitz, seine Augen wie feurige Fackeln, seine Arme und Füße wie helles, glattes Erz und seine Rede war wie ein Getön.« (Daniel 10,6)

Die Worte »Fürchte Dich nicht«, klingen wenig beruhigend: »Während er mit mir redete, lag ich ohnmächtig da, mit dem Gesicht am Boden.« (Daniel, 8,18)

Unauffälliger treten sie auf im Alten Testament, wenn sie Lot besuchen, ungeflügelt, in männlicher Gestalt, um ihn und die Seinen aus der Stadt zu führen, bevor Sodom von Engeln vernichtet wird.
Schon die Erschaffung der Engel ist ein Geheimnis. Die Bibel schweigt darüber, wie auch über ihre Anzahl. »Engel vermehren sich wie Fliegen«, soll Augustinus gesagt haben.
»Oder glaubst Du nicht, mein Vater würde mir sogleich mehr als zwölf Legionen Engel schicken?«
(Matthäus 26,53)
Andere Quellen sprechen von mehreren Millionen Lichtwesen.
Im Islam hat *Djibril* 1600 Flügel.
Er taucht jeden Tag 360 Mal in den Ozean ein, und wenn er wieder herauskommt, fallen eine Million Wassertropfen von seinen Flügeln, und diese werden zu Engeln.
Nicht nur in der jüdischen, christlichen und islamischen Religion gibt es Engel. Viele Flügelwesen anderer Religionen und Kulturen sind unserer Vorstellung von Engeln durchaus vergleichbar. Engel finden sich bei den alten Ägyptern, bei den Assyrern und in Mesopotamien, bei den Griechen und Etruskern, selbst im Hinduismus, Buddhismus und im Schamanentum. Thomas von Aquin meinte zwar »Engel sind reiner Intellekt«, glaubte jedoch auch, daß Engel Tiere ohne Körper seien, die einen Körper annehmen könnten.
Kathedralen in Frankreich, Spanien, Italien lassen noch heute fremde Wesen erkennen, Tieren näher als Menschen, ja Monstern, Dämonen gleich. In nordischen Ländern wurden sie mit Katzen- und Vogelköpfen dargestellt, die babylonische Kunst kannte sie mit Adlerkopf und Menschenleib, und der Cherubim ist in der assyrischen Kunst eine Gestalt mit Adler- Stier- oder Sphinxenleib mit einem Löwen- oder Menschenkopf. Hingegen nahmen in der persischen, griechischen und römischen Kunst die Götterboten menschliches Aussehen an, wenn sie sich zur Erde bewegten, wie die Flügelfrauen am Grab des Tutenchamon oder die nackten geflügelten Männergestalten am Pergamonaltar.
Als eine der frühest bekannten Engeldarstellungen gilt manchen Forschern eine Stele mit einem Flügelwesen aus sumerischer Zeit, die in der Stadt Ur im Euphrat-Tal gefunden wurde. Spät, erst im Jahr 1215, erlaubte das 4. Laterankonzil die Darstellung der Engel in menschlicher Gestalt und legitimierte damit nur nachträglich, was Malern und Bildhauern seit langem selbstverständlich war. Diese hatten sich bereits im 4. Jahrhundert an heidnischen Genien und der geflügelten, weiblichen Siegesgöttin Nike orientiert, diese zum Modell genommen und sich ihren Engel geschaffen.
Mit menschlichem Aussehen hatten die Engel auch alles Bedrohliche verloren, wurden tägliche Begleiter und angerufen in bestimmten Situationen des Lebens. Hunderte kannte man mit Namen und es gab nichts, wofür es nicht einen zuständigen Engel gab: *Hajim* Engel des Herzens, *Aydiel* Engel der Arbeit, *Rehajel* Engel der Gelassenheit, *Bairim* Engel des Wassers, *Mirachar* Engel des Frühlings, *Myrrhael* Engel des Abendlandes, *Henael* Engel des Suchens und des Findens, *Ohriel* Engel der Langmut, *Amiriel* Engel der Leidenschaft, *Hamsim* Engel der Wunder, *Sinar* Engel der Klarsicht, *Uriel* Engel der Dichtkunst, *Zurael* Engel des täglichen Lebens, um nur einige zu nennen. So führte die Verehrung der Engel auch in der christlichen Religion zu einem Engelskult, vor dem die Kirche vergeblich warnte. Die Lateransynode von 745 ächtete alle jene Engel, die in der Literatur des Judentums und im Henochbuch erwähnt wurden und gab nur noch drei biblische Engel zur Verehrung frei: Michael, Gabriel, Rafael.
Neben kleinen dicklichen Putten, neben androgynen und wenigen männlichen Engeln, überwiegen die weiblichen Engel, wo immer es heute Engel gibt. Es gibt sie zahlreich, nicht nur in Kirchen und Klöstern oder als Friedensengel. Einmal

auf sie aufmerksam geworden, ist man überrascht von der Häufigkeit ihrer Anwesenheit, entdeckt sie auf Brunnen, Säulen, Brücken, Denkmälern jeglicher Art. Sie schmücken Hausdächer und Giebel, zieren Hauseingänge, Torbögen, Wandfriese, stehen in einigen Parks und auf vielen Friedhöfen. Zumindest dort ist ein Engel auch wirklich ein Engel. Im Gegensatz zur Bucht von Nizza, der Baie des Anges, wo man einen Engel erwartet, doch eine Nike vorfindet. Und der neu restaurierte Brunnen vor Schloß Herrenchiemsee zeigt hoch zu Roß, die Posaune blasend, keinen Engel, sondern eine Fama. Eine ähnliche Skulptur findet sich am Eingang zum Tuilleriengarten in Paris, heißt dort La Renommée. Eine Nike ist es auch, die auf dem Wiener Parlament die Pferde antreibt und manch' schöner männliche Engel ist bei näherem Hinsehen ein Amor oder ein Eros.
In der Pose des Siegers zeigt sich Erzengel Michael auf der Place Saint-Michel in Paris (Seite 153), zu Füßen ein sich krümmender Luzifer mit Fledermausflügeln, der daran erinnert, daß es nicht nur die Engel des Lichts gibt, sondern auch die Engel der Finsternis. »O Luzifer, du schönster aller Engel«, heißt es bei Baudelaire, doch die dunklen Engel sind selten im Bild der Städte.
Um so erstaunlicher ist der »Angel calido«, der gefallene Engel, im Retiro Park von Madrid (Seite 37). Straßen und Plätze sind nach Engeln benannt, so hat Rom sein Castel Sant' Angelo, Barcelona eine Plaza del Angel, Wien die Kirche Neun Chöre der Engel, das Straßburger Münster einen Engelspfeiler. Da gibt es die Engel-Apotheke, das Haus zum Engel, ein Restaurant L'Ange gourmand und in England nennt sich eine Motorradgang Hell's Angels. In Malaysia sind Sommersprossen Engelsküsse. Zur Bereitung von Likören verwendet man die Engelwurz und einige Binsenarten heißen im Volksmund Engelkraut. Beschönigend und schrecklich klingt hingegen das Wort Engelmacherin.
»Engel oder ein Geist besteht aus keiner materiellen Substanz, reflektiert daher die Strahlen der Sonne nicht und ist somit unsichtbar. Deshalb sehen wir Engel entweder, weil sie vorübergehend einen physischen Körper annehmen, oder weil das innere oder spirituelle Auge eines Menschen geöffnet wurde«, schrieb der Naturforscher Emanuel Swedenborg und beeinflußte nicht nur Goethe und seinen »Faust«. Schriftsteller haben sich über die Jahrhunderte hinweg immer wieder mit der Welt der Engel beschäftigt, sich Gedanken über die Reiche des Jenseits gemacht, wie John Milton in seinen großen Epen über das verlorene und das wiedergefundene Paradies, wie Dante Aligheri in der »Göttlichen Komödie« und schließlich Rafael Alberti in seinem Gedichtszyklus »Über die Engel«. Gar keine himmlischen Eigenschaften werden da beschrieben, denn seine Engel sind illusionslos, grausam, rachsüchtig, dumm, neidisch, verlogen, raffgierig, nachtwandlerisch, häßlich und falsch.
Setzt man die Texte der Weltliteratur zu einem Puzzle zusammen, entsteht ein vielfältiges Bild, das verwirrt in seiner Widersprüchlichkeit. Wie kein anderes Wesen gibt der Engel Raum für Phantasie, Träume, Sehnsüchte, Wünsche und Projektionen. Er ist poetische Metapher, Metapher für Liebe, Geborgenheit, Gewissen, Frieden, Trost und Hoffnung. Je mehr wir über ihn erfahren, um so geheimnisvoller, rätselhafter wird er, um so unmöglicher scheint es, seinem Geheimnis näherzukommen. Doch gerade das macht ihn so faszinierend.

Isolde Ohlbaum

Zuerst fiel der Schatten. Ich für meine Person blickte auf, um zu sehen, ob sich der Himmel bewölkt hatte, und sah statt dessen mit erstaunlicher Entgeisterung ein angedeutetes großes Gesicht, nicht irgendwie perspektivisch, sondern ein gesichtähnliches Ding, das zugleich Gestalt war, nicht mir mit Füßen am nähesten, dann Beinen und so fort, und nicht frontal, sondern gerundet und doch unvollkommen gegenwärtig in jeder visuellen und mentalen Hinsicht wie manchmal die Gestalten und Gesichter in meinen Träumen.

Es glich in seiner Veränderlichkeit Traumgegenständen, war auf mannigfache Weise zu sehen und zu erfassen; und vorherrschend war eine beobachtende – und freundliche, doch nicht dreiste – *Angesichtigkeit*, ein Bug von SICH kundtuendem Wissen – ein ANTLITZ, nicht menschlich, nicht eindeutig – oder nicht ganz und gar – unmenschlich, als menschenverwandt denkbar, doch eines, das nicht nahelegte, ES kenne Unbewußtheit oder Irrtum – oder Verschlagenheit – und ich war verstört, doch nicht außer mir, sondern lernwillig, aber nicht sogleich vor Ehrfurcht gänzlich bereit, mich bis ins Letzte transformieren zu lassen, doch das geschah dann binnen Sekunden, während deren die Welt, die sichtbaren Ziegel und Dächer, Bäume, Blätter und Menschen an Farbe verloren und – vergleichsweise – kleiner wurden.

HAROLD BRODKEY

LOCARNO

Ich ließ meinen Engel lange nicht los,
und er verarmte mir in den Armen
und wurde klein, und ich wurde groß:
und auf einmal war ich das Erbarmen,
und er eine zitternde Bitte bloß.

Da hab ich ihm seine Himmel gegeben, –
und er ließ mir das Nahe, daraus er entschwand;
er lernte das Schweben, ich lernte das Leben,
und wir haben langsam einander erkannt...

Rainer Maria Rilke

NIZZA

Der Schutzengel: die Sympathie,
wir brauchen ihn immerzu.
Wir haben ihn als Kind, sonst wären
wir längst überfahren, wir wachsen
damit auf, wir verlassen uns auf ihn –
und dabei ist es nur ein Hauch,
was uns schützt, was uns von dem
Ungeheuerlichen trennt, von
dem Rettungslosen, wo nichts mehr
für dich zeugt, kein eignes Wort,
keine eigene Tat...

MAX FRISCH

»Geschöpfe des Traums!« sagte der Engel. »Wie eigenartig! Das ist ein sehr seltsamer Traum. Eine Art Traum, in dem alles auf den Kopf gestellt wird. Du nennst Menschen wirklich und Engel mythisch. Man wird fast zu der Annahme verleitet, daß es auf irgendeine sonderbare Weise sozusagen zwei Welten geben muß…«
»Wenigstens zwei«, sagte der Vikar.
»Die irgendwo nahe beieinanderliegen, und doch kaum ahnen…«
»So nahe beieinander wie die Seiten eines Buches.«
»Sie durchdringen einander, und jede hat ihre eigene Wirklichkeit. Das ist wahrlich ein köstlicher Traum!«
»Und träumen nie voneinander.«
»Außer wenn Leute anfangen zu träumen!«
»Ja«, sagte der Engel nachdenklich. »So irgendwie muß es sein. Und da fällt mir etwas ein. Manchmal, wenn ich einschlief oder in der Mittagssonne döste, sah ich sonderbar verrunzelte Gesichter wie deines, die an mir vorüberzogen, und Bäume mit grünen Blättern daran, und solch sonderbaren, unebenen Boden wie diesen… Es muß so sein. Ich bin in eine andere Welt gefallen.«
»Manchmal«, sagte der Vikar, »zur Schlafenszeit, wenn ich in einem Zustand zwischen Wachsein und Einschlafen war, habe ich Gesichter gesehen, die so schön waren wie deines, und seltsame, verwirrende Bilder einer wunderbaren Landschaft, die vorüberglitten, geflügelte Wesen, die darüber hinschwebten, und wunderbare – manchmal schreckliche – Gestalten, die sich hin und her bewegten. Sogar liebliche Musik habe ich vernommen… Vielleicht ist es so, daß, sobald wir unsere Aufmerksamkeit von der Sinnenwelt, den übermächtigen Eindrücken, die auf uns einwirken, abwenden und in einen Dämmerschlaf gleiten, andere Welten… So wie wir die Sterne sehen, jene anderen Welten des Universums, wenn das grelle Licht des Tages weicht… Und die künstlerisch begabten Träumer, die solche Dinge am klarsten sehen…«
Sie blickten einander an.
»Und auf irgendeine unbegreifliche Weise bin ich aus meiner eigenen in deine Welt hineingefallen«, sagte der Engel, »in die Welt meiner Träume, die nun Wirklichkeit geworden ist!«
Er blickte um sich. »In die Welt meiner Träume.«

H. G. Wells

WIEN

Die Engel sterben niemals, ihr wißt's. Wenn aber Erz oder Eisen, diamantne Spitze oder das flammende Schwert ihren zarten Körper zerreißen, fühlen sie grausamere Schmerzen, als die Menschen sie empfinden können, weil ihr Fleisch erlesener ist, und wenn ein edler Teil zerstört ist, so stürzen sie träge, zersetzen sich langsam, zergehen in Nebelwolken und treiben lange Zeitalter empfindungslos, aufgelöst im kalten Äther. Und wenn sie endlich mit der Form den Geist wiedererlangen, finden sie nicht die ganze Erinnerung an ihr vergangenes Leben wieder.

Es ist also begreiflich, daß die Engel sich vor dem Leiden fürchten, und die Tapfersten unter ihnen verwirren sich bei dem Gedanken, das Licht und die süße Erinnerung zu verlieren. Wenn es sich anders verhielte, so würde das Geschlecht der Engel weder die Schönheit des Kampfes, noch den Ruhm des Opfers kennen.

ANATOLE FRANCE

BARCELONA

Das Abendrot des sommerlichen
Sonnenunterganges im Nordwesten
verdunkelt sich langsam, und der
Engel schläft und kehrt im Traum
zurück in die wunderbare Welt,
wo es immer Licht ist und wo jeder
glücklich ist, wo einen Feuer nicht
verbrennt und Eis nicht frieren läßt;
wo Bäche von Sternenlicht durch
die amarantroten Wiesen fließen,
hinaus in die Meere des Friedens.
Er träumt, und es scheint ihm, als
erstrahlten seine Flügel noch einmal
von tausend Farben und blitzten
in der kristallklaren Luft jener Welt,
aus der er gekommen ist.

H. G. WELLS

GENUA

Wenn er vor ihnen steht
im schatten des verdachts
ist er noch ganz
aus der materie des lichts

die äonen seiner haare sind
zu einem büschel
der unschuld gebunden

nach der ersten befragung
steigt ihm das blut in die wangen

werkzeug und zwischenfragen
treiben das blut auseinander

mit eisenrohr
offenem feuer
werden die grenzen
seines körpers markiert

der schlag in den rücken
bestärkt das rückgrat
zwischen wolke und pfütze

nach einigen nächten
ist das werk vollendet
die lederne gurgel des engels
ist voll von klebriger fügung

wie schön
wenn er auf die knie fällt

einverleibt in die schuld
durchtränkt von einsicht

die zunge zögert
zwischen den ausgeschlagenen zähnen
und dem geständnis

sie hängen ihn mit dem kopf nach unten

wachstropfen rinnen
vom haar des engels
und bilden am fußboden eine
einfache prophezeiung

ZBIGNIEW HERBERT

AUGSBURG

Auch der Engel hat Abschied genommen
bekränzt mit Traum.

NELLY SACHS

EMELYN STORY

Abwärts geneigt fliegt er
rasch dahin, durch den unermeßlichen Himmelsäther
Schwebt zwischen Welten und Welten mit sich'ren Flügeln
Mal auf den Polarwinden, mal mit raschem Sturm
Durchteilt er die gefügige Luft

JOHN MILTON

MÜNCHEN

Engel voll Frohsinn, kennst du die Angst, die Scham, die Reue, das Schluchzen und den Gram und das ungreifbare Entsetzen jener grausen Nächte, die das Herz zusammenpressen wie ein Papier, das man zerknittert? Engel voll Frohsinn, kennst du die Angst?

Engel voll Güte, kennst du den Haß, die Fäuste, die sich ballen im Finstern, und die Galletränen, wenn die Rachsucht auf ihrer Höllentrommel die Schlegel rührt und den Befehl sich anmaßt über unsre Kräfte? Engel voll Güte, kennst du den Haß?

Engel voll Gesundheit, kennst du die Fieberschauer, die an den großen Mauern des fahlen Siechenhauses hinschleichen gleich Verbannten, schleppenden Fußes den spärlichen Sonnenschein suchend und lautlos die Lippen regend? Engel voll Gesundheit, kennst du die Fieberschauer?

Engel voll Schönheit, kennst du die Runzeln, und die Angst zu altern, und jene gräßliche Qual, in Augen, aus denen unsre Augen lange gierig tranken, den geheimen Abscheu der Ergebenheit zu lesen? Engel voll Schönheit, kennst du die Runzeln?

CHARLES BAUDELAIRE

BERGAMO

Der siebte engel
ist ganz anders
er heißt sogar anders
Schemkel

kein Gabriel
der güldene
eine stütze des throns
und baldachin

kein Raphael
stimmeister der chöre

auch kein
Asrael
planetenführer
geometer der unendlichkeit
vollendeter kenner
der theoretischen physik

Schemkel
ist schwarz und nervös
vielmals vorbestraft
für den schmuggel mit sündern

zwischen abgrund
und himmel hallt
sein ständiges gestampfe

er hält nicht auf seine würde
und man läßt ihn in dieser schar
nur mit rücksicht auf die zahl sieben

aber er ist nicht wie die andern

kein feldherr
Michael
ganz in schuppen und federbüschen

kein Asraphael
weltdekorateur
beschützer der üppigen vegetation
mit flügeln die wie zwei eichen rauschen

nicht einmal
Dedrael
apologet und kabbalist

Schemkel Schemkel
– murren die engel
warum bist du so unvollkommen

byzantinische maler
wenn sie die sieben malen
zeigen Schemkel
ähnlich den andern

sei meinen nämlich
sie würden der lästerung schuldig
wenn sie ihn malten
so wie er ist
schwarz nervös
im alten ausgefransten glorienschein

Zbigniew Herbert

TURIN

Erglühend in des Himmels Rosenrot,
Der Liebe eigner Farbe, sprach der Engel:
»Genüge dir, daß du uns selig weißt;
Und ohne Liebe – keine Seligkeit!
Was immer rein du körperlich genießest
(Erschaffen wardst du rein), genießen wir
In höherm Grade, ungehemmt und frei
Von körperlichen Schranken. Leichter noch
Als Luft mit Luft umarmen Geister sich;
Wenn Reines mit dem Reinen sich durchdringt,
Braucht's nicht Vermittlung, wie wenn Leib mit Leib
Und Seele sich mit Seele mischen will.«

John Milton

PERUGIA

Schon deine Statue zerbrochen
Verstümmelt der schwarze Engel
Gefährte unserer Spiele
Und unsrer fiebrigen Melancholien

CLAIRE GOLL

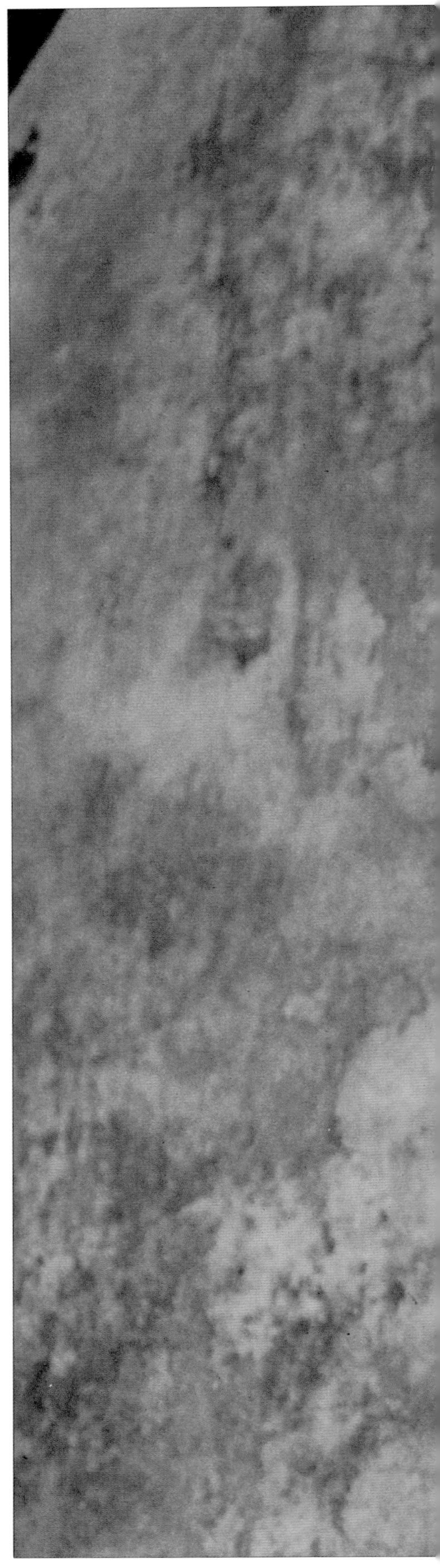

TURIN

Unglücklicher, wie du deinen
früheren Glanz verlorst,
du, einst des Lichtes
schönster Engel.

GIAMBATTISTA MARINO

MADRID

Sechs Flügel trug er, die verhüllten
Den Göttlichen Leib; ein Paar deckte
Die mächtigen Schultern, dazu die Brust
Mit herrlichem Schmucke; die Taille
und Hüften das zweite, ein Sternband
Aus schimmerndem Golde und Farben
Des Himmels; das dritte die Füße
Und Fersen mit fiedriger Rüstung,
Von Farbe auch sie wie der Himmel.

John Milton

WIEN

Die Engel können dadurch, daß sie den Rhythmus der sie zusammensetzenden Atome ändern, die verschiedensten Umgebungen durchschreiten. Nach ihrer Inkarnation aber bestehen die auf die Erde herabgestiegenen Geister aus zu festem Stoff, so daß sie nicht mehr aus eigener Kraft fliegen können.

Um sich in die Regionen des Äthers zu erheben und sich dort unmerklich zu verflüchtigen, bedürfen sie der Hilfe ihrer Brüder, die, obwohl Empörer gleich ihnen, den Feuerhimmel nicht verlassen haben, und zwar nicht immateriell (denn alles ist Materie im Weltall), aber glorreich losgelöst und durchscheinend geblieben sind. Gewiß, nicht ohne schmerzliche Beklemmung bereiteten sich Arcade, Istar und Zita darauf vor, aus der dichten Atmosphäre der Erde in die klaren Abgründe des Himmelsraumes überzugehen. Um in den Äther zu tauchen, bedarf es eines solchen Aufwandes an Energie, daß die Kühnsten zögern, sich aufzuschwingen. Ihre Substanz muß sich bei der Durchdringung dieser feinen Umgebung selbst verfeinern, verdampfen und von menschlichen Ausdehnungen zum Volumen der weitesten Wolken übergehen, die je unseren Erdball eingehüllt haben. Bald werden sie an Größe die nur mit Hilfe des Fernrohrs wahrnehmbaren Planeten übertreffen, deren Bahn sie, unsichtbar und unwägbar, durchkreuzen, ohne sie zu stören.

Bei dieser Arbeit, der schwersten, welche die Engel leisten können, wird ihre Substanz abwechselnd glühender als Feuer und kälter als Eis, und sie werden Schmerzen empfinden, die schlimmer als der Tod sind.

Anatole France

Vielleicht sieht ein Engel wie all das aus,
Was wir vergessen haben; ich meine vergessene
Dinge, die nicht bekannt dünken, wenn
Wir ihnen wieder begegnen, verloren jenseits allen Sagens,
Und die einst die unseren waren.

John Ashbery

RAPALLO

Manchmal sind mir Engel begegnet,
aber immer nur dann, wenn ich
nicht wirklich wach war, in dem
schwankenden Niemandsland,
das wir durchstreifen, ehe wir hinüber
wechseln in die Urwälder
des Schlafes oder in einen Traum.

Keto von Waberer

Sie haben alle müde Münde
und helle Seelen ohne Saum.
Und eine Sehnsucht (wie nach Sünde)
geht ihnen manchmal
durch den Traum.

Fast gleichen sie einander alle;
in Gottes Gärten schweigen sie,
wie viele, viele Intervalle
in seiner Macht und Melodie.

Nur wenn sie ihre Flügel breiten,
sind sie die Wecker eines Winds:
als ginge Gott mit seinen weiten
Bildhauerhänden durch die Seiten
im dunklen Buch des Anbeginns.

Rainer Maria Rilke

SALZBURG

Glaub *nicht,* daß ich werbe.
Engel, und würb ich dich auch! Du kommst nicht. Denn mein
Anruf ist immer voll Hinweg; wider so starke
Strömung kannst du nicht schreiten. Wie ein gestreckter
Arm ist mein Rufen. Und seine zum Greifen
oben offene Hand bleibt vor dir
offen, wie Abwehr und Warnung,
Unfaßlicher, weitauf.

Rainer Maria Rilke

MONTE CARLO

Wenn ich mich an SEIN LICHT erinnern möchte, das eigentlich mehr ein Schatten war, Verdrängung des einzigen mir bislang bekannten Lichts, an SEINE unbestimmbaren Farben, die Farben von Pfau und flammender Sonne und Stern und Mond und Blume und Garten und Winter, dann erinnere ich mich, wie SEINE ERSCHEINUNG als partiell wirkliche meine Gedanken, meine verwirrte Rhetorik und den Schwall aufrichtiger Silben durcheinanderbrachte, wie ich korrigiert wurde, wenn SEINE FARBEN zurückkehrten oder wenn ich meine Sehweise umstellte oder neu schärfte, denn DIE FARBEN DES ENGELS waren natürlich unfaßlich für Verstand oder Erinnerung, für den vielfingrigen, hunderthändigen Verstand. Die fingerlose, aber drängende Erinnerung hatte keine Chance. Die Erinnerung drängt Dinge nach vorn, doch nur der Verstand kann Bilder festhalten oder gebrauchen, kann sie erkunden. Die Erinnerung kann mir Dinge so zeigen, wie ich sie einst verstand, gewöhnlich nicht in ihrer gegenwärtigen Gestalt, sondern in der einer frühen Erinnerung oder eines Tag- oder Nachttraums; mehr vermag die Erinnerung nicht.

HAROLD BRODKEY

BERGAMO

Manchmal überfliegen einzelne Engel mein Grundstück,
Hin zu dem oder dem tröstungsbedürftigen Volk.
Gestern war einer, die Sonne schimmernd in Flügeln und Haaren.
Sie durchschien auch sein Hemd. Deutlich erhellte dabei,
Daß er sanft gebildet und mädchenhaften Geschlechts war.
Lange blickte ich ihm nach.
Dann auf dem Pflaster im Hof
Lag was Weißes. Ihm war eine Feder heruntergefallen.
Und ich hob, all dies dir zu berichten, sie auf.

Peter Hacks

ROM

Der versteinerte Engel
noch von Erinnerung träufend
von einem früheren Weltall
ohne Zeit.

NELLY SACHS

MOLINERI=FARA
D'ANNI 36
GIOVANNA SELLA=MOLINERI
D'ANNI 63
✝ IL 18 DICEMBRE 1856
ANGELA ROSSI DENERI=FARA
D'ANNI 60
✝ IL 29 LUGLIO 1859
SELLA
GIUSEPPE
D'ANNI 75
FARA
CARLO
SELLA
EUGENIO
PAOLINA SELLA=FARA

TURIN

Es ist spät im Jahr, er ist allein am geschützten Strand in der kleinen Bucht. Er war dorthin gegangen, um zu schwimmen, das Wasser war noch nicht zu kalt. Nach dem Schwimmen hat er gelesen. Dabei muß er eingeschlafen sein, als er erwacht, merkt er, daß er nicht mehr allein ist. Am anderen Ende des Strands, bei dem primitiven Bootshaus, wo das Schiff, das er noch nie gesehen hat, über eine eigens dazu angelegte Steinböschung ins Wasser gelassen werden kann, sitzt ein alter Mann auf den Felsen. In der Hand hat er einen Stock, an den Füßen kaputte Sandalen mit zerfranst herabhängenden Flügeln.

Sein Oberkörper ist nackt, man kann noch erkennen, daß er früher kräftig gewesen ist. Jetzt ist die Haut schrumplig und trocken wie die von Eidechsen, es muß unangenehm sein, ihn zu berühren. Sein Haar unter dem helmähnlichen Hut ist verfilzt, es ist schmutzig und grau.

Dies ist das erste Mal, daß der Badende einen Unsterblichen sieht, er verhält sich still und hofft, daß der Gott ihn nicht bemerkt hat.

Der Beschützer aller Reisenden ist müde, er bückt sich unter Mühen zum Meerwasser, das an die Felsen spült, und fährt sich damit durch das Gesicht. Eine Weile blickt er aufs Meer, dann steht er auf und geht langsam zu dem Weg, der an der Küste entlang in die nächste Bucht führt. Erst später, als der Schwimmer sich zu erheben wagt, sieht er bei den Felsen die Spuren der Sandalen im feuchten Sand, daneben den seltsamen, stets wiederkehrenden Strich der Federn.

Cees Nooteboom

BERLIN

Es kann also nicht sein, daß die Engel ein wie immer geartetes Geschlecht besäßen; auch läßt sich schwerlich annehmen, es wäre ihnen ursprünglich einmal zu eigen gewesen, bis zu dem Zeitpunkt nämlich, da der Schöpfer – man schämt sich, das Wort auszusprechen! – seine höchststehenden Kreaturen gleichsam »kastriert« habe. Die Vorstellung ist mit der Vollkommenheit des Schöpfungswerks unvereinbar.

Und doch ist es andererseits nicht einfach, zum vollen Verständnis dieser Erzählung aus dem Buch der Arten zu gelangen, wenn man jene Vermutung bezüglich der Engel fallen läßt. Mehr noch – jeder wird dieselbe Geschichte im Buche Enoch finden, wo sie mit Einzelheiten ausgestattet ist, die in der Tat jeden Zweifel darüber ausschließen, daß es sich tatsächlich um Engel gehandelt habe. Gewiß, die Kirche läßt es nicht zu, daß das Buch Enoch unter die Schriften der Offenbarung gezählt werde; da aber die Offenbarung – um den Begriff »Fehler« zu vermeiden – zumindest »Rätsel« enthält, so mag es erlaubt sein, sich des Unoffenbarten zu bedienen, um die Sache gründlicher zu erforschen. In der Tat sagt das Buch Enoch, die Engel des Himmels wären – von der Schönheit der irdischen Töchter verführt und von unbezähmbarer Begierde nach ihnen getrieben – zweihundert an der Zahl zum Berge Armon herabgestiegen und hätten begonnen, sich mit den Bewohnerinnen der Erde in irdischer Liebe zu verbinden; ihr Anführer aber sei Samyara gewesen, der zusammen mit allen übrigen das Gelübde abgelegt habe, niemals zu leugnen, was er geschworen.

So war – dem Buche Enoch zufolge – die geschlechtliche Flamme die Ursache für den Fall der Engel. Und aus der Gier nach körperlicher Vereinigung entstand das Geschlecht der Dämonen, die von altersher darauf lauern, den Menschen zu verderben, und deren Durchtriebenheit und Schläue unbewußt darauf hinwirken, daß sich die unbegreiflichen Urteilssprüche des Schöpfers erfüllen.

Leszek Kolakowski

HEIDELBERG

Zum Engel der letzten Stunde,
den wir so hart den Tod nennen,
wird uns der weichste, gütigste
Engel zugeschickt, damit er gelinde
und sanft das niedersinkende
Herz des Menschen vom Leben
abpflücke und es in warmen
Händen und ungedrückt aus der
kalten Brust in das hohe, wärmende
Eden trage. Sein Bruder ist der Engel
der ersten Stunde, der den Menschen
zweimal küsset, das erstemal,
damit er dieses Leben anfange, das
zweitemal, damit er droben ohne
Wunden aufwache und in das
andere lächelnd komme, wie in
dieses Leben weinend.

JEAN PAUL

FLORENZ

Die Flügel sind gar nicht zum Fliegen da; sie sind eher dabei hinderlich. Es sind reine Dekorationsstücke. Daher halten es die alten, im Dienst ergrauten Engel genauso wie die alten, sturmerprobten Armeeoffiziere: Außerhalb des Dienstes tragen sie Zivil. Die Neulinge dagegen benehmen sich wie die von der Miliz: Können sich von der Uniform gar nicht mehr trennen. Und so zappeln sie denn an allen Ecken und Enden mit ihren Flügeln herum, fliegen die andern über den Haufen, schwirren und schwärmen hier- und da- und dorthin und bilden sich außerdem noch ein, sie würden allseits bestaunt und bewundert.

Mark Twain

Nun machen sich aber viele Menschen wieder ein anderes Bild vom Jenseitshimmel. Die Engel! Wo kommen denn die her? Die sind doch nicht unsichtbar, die haben goldenes Lockenhaar, haben zwei große Flügel und sind nackend, wenigstens die kleineren, die Amoretten. Die Engel waren aber doch früher auch einmal Menschen, deren Seelen ins Jenseits geflüchtet sind. Dort haben sie Flügel bekommen. Das wird aber nur die weiblichen Wesen betreffen, vom ersten bis 30. Lebensjahr. Ich könnte mir nämlich den oben benannten Herrn Bäckermeister Meier nicht so himmlisch vorstellen, wenn er nackend mit zwei großen Flügeln in den Wolken herumflattert – dann lieber unsichtbar! Die Meinungen gehen also hier sehr auseinander. Nun hat aber dieses angenommene Weiterleben nach dem Tode noch eine andere Seite. Auf Erden lebt der Mensch durchschnittlich 60 bis 70 Jahre. Das Leben ist aber mannigfaltig und bringt durch Arbeit, Freude, Sorgen, Leid usw. Abwechslung in die Bude. Wie ist das nun im Jenseits? Hier besteht keine Altersgrenze, sondern Ewigkeit. Also in Ewigkeit nur im Jenseits umherfliegen und als einzige Beschäftigung, wie uns aus der Bibel bekannt, nur Hosianna singen, das kann die ersten acht Tage ganz unterhaltlich sein, aber, man denke sich das ewig – das muß unbedingt langweilig werden.

Karl Valentin

Kein Mensch, ob Kind oder Erwachsener, hält doch sein eigenes Alter für das richtige. Immer liegt es für ihn ein paar Jahre drunter oder drüber, und auf genau die gleiche Weise denkt er sich auch das ideale Alter für die Himmelsbewohner zurecht. Und meint außerdem, diese seien alle unabänderlich darauf festgenagelt und darüber auch noch wunschlos glücklich und zufrieden. – Und dabei ist doch schon der Gedanke absurd, im Himmel könne es Dinge geben, die für alle Ewigkeit unabänderlich seien...

Stellen Sie sich doch einmal einen Himmel vor, der allein mit siebenjährigen Knirpsen bevölkert wäre, die nichts anderes im Kopf haben, als nur mit Murmeln oder Reifen zu spielen!

Mark Twain

ROM

Es müssen nicht Männer mit Flügeln sein, die Engel.
Sie gehen leise, sie müssen nicht schrein, die Engel.
Oft sind sie alt und häßlich und klein, die Engel.

Sie haben kein Schwert, kein weißes Gewand, die Engel.
Vielleicht ist einer, der gibt dir die Hand, der Engel;
oder er wohnt neben dir, Wand an Wand, der Engel.

Dem Hungernden hat er das Brot gebracht, der Engel.
Dem Kranken hat er das Bett gemacht, der Engel.
Er hört, wenn du ihn rufst in der Nacht, der Engel.

Er steht im Weg und er sagt: Nein, der Engel,
groß wie ein Pfahl und hart wie ein Stein, der Engel.
Es müssen nicht Männer mit Flügeln sein, die Engel.

RUDOLF OTTO WIEMER

BARCELONA

Ich sah auch die Engel im Weinen,
Im Wind und im Schneeregen.

Sie schwebten . . . .
In einer himmlischen Luft.

Else Lasker-Schüler

NIZZA

ER war in allem wohlgestaltet,
in Größe und Breite und SEINEN
Oberflächen, in den Andeutungen
von Falten und Federn, Gewändern,
Schwingen, Händen, im Winkel
zwischen dem zu erahnenden Hals
und dem unbeschreiblichen Gesicht,
an das mich zu erinnern ich noch
nicht den Mut habe und wahr-
scheinlich niemals haben werde
und das ich weitgehend erfunden
haben mag, weil das, was ich sah,
nicht erschaubar war und ich diese
Dinge, diese Formen von anderen
Gelegenheiten her in mir trug und
hier verwendete.

HAROLD BRODKEY

WIEN

Fangen die Engel
wirklich nur Ihriges auf, ihnen Entströmtes,
oder ist manchmal, wie aus Versehen, ein wenig
unseres Wesens dabei?

Rainer Maria Rilke

MÜNCHEN

Er schläft, der immerdar geduldet hat hienieden,
und starb, weil ihm zuletzt noch ward der Schmerz beschieden,
daß er den Engel seines Lebens nicht mehr fand,
so, wie es nachtet, wenn das Tageslicht entschwand.

VICTOR HUGO

TURIN

Es ist für euch unmöglich, Böses zu tun, weil ihr, genau wie alle andern Geschöpfe, nicht wißt, was gut oder böse ist. – Es ist das ein himmlischer Zustand, der holdseligste, reinste, erhabenste im Himmel und auf Erden. – Nichts anderes ist die Mitgift der Engel. Sie sind vollkommen rein und sündlos. Sie wissen nämlich nicht, was gut und was böse ist, und deswegen ist alles, was die Engel vollbringen, rein und makellos.

Wer den Unterschied zwischen gut und böse nicht kennt, der vermag nichts Böses zu tun.

MARK TWAIN

MÜNCHEN

»Mein Herr, ist es auch ganz sicher, daß Sie ein Engel sind?«
Die Erscheinung bat sie, nicht daran zu zweifeln, und gab genaue Auskünfte über ihren Ursprung:
»Es gibt drei Rangklassen himmlischer Geister, deren jede sich aus neun Chören zusammensetzt.
Die erste umfaßt die Seraphim, die Cherubim und die Thronen; die zweite die Heerschaften, die Vermögen und die Mächte; die dritte die Fürsten, die Erzengel und die Engel im engeren Sinne.
Ich gehöre zum neunten Chor der dritten Rangklasse.«
Frau des Aubels, die noch Gründe zum Zweifeln bei sich vorfand, gab wenigstens einem Ausdruck:
»Sie haben keine Flügel!«
»Wozu soll ich sie haben? Bin ich etwa verpflichtet, so auszusehn, wie die Engel auf euern Weihwasserkesseln? Die Himmelsboten beschweren ihre Schultern nicht immer mit diesen Federrudern, die in gleichmäßigen Schlägen die Luftwellen zerteilen. Die Cherubim können auch ungeflügelt sein.
Sie hatten keine Flügel, jene beiden allzuschönen Engel, die eine bange Nacht in Lots Hause verbrachten, das von einer orientalischen Bande belagert wurde. Nein! Sie erschienen ganz den Menschen gleich, und der Staub des Weges bedeckte ihre Füße, die der Patriarch mit frommer Hand wusch.«

Anatole France

WIESBADEN

»Das ist wahrlich keine Welt für einen Engel!« sagte der Engel. »Es ist eine Welt des Krieges, eine Welt des Schmerzes, eine Welt des Todes. Zorn erfüllt einen... Ich, der ich Schmerz und Zorn nicht gekannt habe, stehe hier mit blutbefleckten Händen. Ich bin gefallen. In diese Welt zu kommen, heißt fallen. Man muß hungern und dürsten und von tausend Begierden gepeinigt werden. Man muß um einen Halt kämpfen, muß zornig sein, muß schlagen...«

Er streckte seine Hände zum Himmel empor, die tiefe Bitterkeit hilflosen Schuldgefühls im Gesicht, und ließ sie dann mit einer verzweifelten Geste wieder fallen.

Die Gefängnismauern dieses engen, von Leidenschaft beherrschten Lebens schienen langsam über ihn hereinzubrechen, unabwendbar und unausweichlich, um ihn bald völlig zu erdrücken. Er fühlte das, was wir armen Sterblichen alle früher oder später fühlen müssen – das erbarmungslose Gesetz der Notwendigkeit, nicht nur um uns, sondern (und hier beginnt das eigentliche Problem) auch in uns, das all unser hohes Streben vereitelt und uns immer wieder unweigerlich zwingt, unsern besten Teil zu verleugnen. Aber bei uns ist es ein allmählicher Abstieg, der in unmerklichen Schritten über eine lange Spanne von Jahren vorsichgeht; bei ihm war es die furchtbare Entdeckung innerhalb einer kurzen Woche. Er empfand, daß er verkrüppelt worden war, gefangen, geblendet, betäubt in den Fesseln dieses Lebens, er empfand, was ein Mensch empfinden würde, der irgendein schreckliches Gift eingenommen hat und dann spürt, wie sich die Zerstörung in ihm ausbreitet.

H. G. Wells

BARCELONA

Im Schneehemd
fallen flüchtende Engel
aus den Wolken

Wir schwimmen
im Strom
ihrer gebrochenen Flügel
Eistränen
auf den Wimpern

Der Wind
bläst die Posaune

Rose Ausländer

Zuallererst war da der Geruch; eine Woge unaussprechlichen Gestanks breitete sich aus, als er das Korsett entfernte, und um meine Sinne zu schützen, war ich gezwungen, mir die Nase zuzuhalten und den Weihrauch durch den Mund einzuatmen. Harrys Fleisch war von den unteren Rippen und dem Bauch weggefault, und die klumpige Haut, die noch an den Rippen und den Hüftknochen hing, die das Loch umgrenzten, befand sich in einem Zustand gallertartiger Verwesung. In dem Loch sah ich das schwache Glänzen seines Rückgrats, und inmitten einer verworrenen Masse von Schläuchen die Umrisse schattenhafter Organe. Ich sah Verwachsungslinien an seinen Eingeweiden, und ordentliche, saubere Stiche, und ein Bündel verfärbter organischer Gefäße, umwickelt von dünnen Streifen aus durchsichtigem Plastik. Er hätte eigentlich tot sein müssen, und ich nehme an, ich muß genau das geflüstert haben, denn ich hörte ihn sagen, daß er nicht sterben könne. Wie lange ich dastand und in seinen zerfallenden Rumpf blickte, weiß ich nicht; irgendwann schien ich mich von meinem eigenen Körper zu lösen, und ich sah, wie von hoch oben und aus weiter Ferne, die beiden Gestalten im Zimmer stehen, die Blumen und das Kruzifix zwischen sich, mich selbst, wie ich das Weihrauchfaß umklammerte und Harry, der mit seinem geöffneten Körper dastand, während ihm die Hose um die Knöchel hing. Es dauerte lange genug, nehme ich an, bis mir die ganze Entsetzlichkeit seines Zustands aufging. Ich weiß noch, daß ich dachte, das also bedeutet es, ein Engel zu sein, wenigstens in unseren Zeiten: das ewige Leben brannte in ihm, während sein Körper, sein Tempel, rund um die Flamme herum zerbröckelte.

Patrick McGrath

LOCARNO

Nichts bewegte sich, und er fürchtete schon, daß ihn seine Augen getäuscht hätten, bis er die Farne erreicht hatte und mit einem Rascheln bis Brusthöhe darin verschwunden war. Da erhob sich plötzlich etwas zwanzig Yards oder weniger vor seinem Gesicht in einem farbenprächtigen Geflacker und peitschte die Luft. Im nächsten Augenblick war es über die Farne geflattert und breitete weit seine Schwingen aus. Er sah, was es war, das Blut stockte in seinen Adern, und er feuerte aus reiner Überraschung und Gewohnheit.

Ein Schrei übermenschlichen Schmerzes ertönte, die Flügel schlugen zweimal durch die Luft, das Opfer stürzte mit großer Geschwindkeit schräg herunter und schlug auf dem Boden auf – ein zuckender Haufen von sich krümmenden Gliedmaßen, gebrochenen Flügeln und wirbelnden, blutbefleckten Federn – hinten auf dem rasenbedeckten Hang.

Der Vikar stand entgeistert da, mit der rauchenden Flinte in der Hand. Es war überhaupt kein Vogel, sondern ein Jüngling mit einem außergewöhnlich schönen Gesicht in eine safrangelbe Robe gekleidet und mit schillernden Flügeln. Farbige Wogen, Fluten von Purpur und Karmesin, goldglänzendem Grün und tiefem Blau glitten über seine Schwingen, als er sich in Todesqual wand. Nie hatte der Vikar ein Farbenmeer von solcher Pracht gesehen, weder Fenster aus buntem Glas, noch die Flügel von Schmetterlingen, nicht einmal die Pracht von Kristallen, die man zwischen Prismen betrachtet, ja kein Farbenspiel auf der ganzen Welt konnte sich damit messen. Zweimal erhob sich der Engel, nur um wieder seitwärts hinzufallen. Dann wurde das Schlagen der Flügel schwächer, das erschrockene Gesicht wurde bleich, die Farbenflut ebbte ab, und plötzlich streckte er sich mit einem Schluchzen auf den Boden hin, und die wechselnden Farbtöne auf den gebrochenen Flügeln verblaßten rasch zu einem eintönigen, gleichmäßig stumpfen Grau.

»Oh! Was ist mit mir geschehen?« schrie der Engel (denn ein solcher war es), heftig bebend, die Arme ausgestreckt und die Hände in die Erde gekrallt, und dann lag er still.

»Großer Gott!« sagte der Vikar, »ich hatte keine Ahnung.« Er ging vorsichtig nach vorn. »Entschuldigen Sie«, sagte er, »ich fürchte, ich habe Sie erschossen.«

Es war die einleuchtende Bemerkung. Der Engel schien sich seiner Gegenwart zum ersten Mal bewußt zu werden. Er erhob sich, abgestützt auf eine Hand, seine braunen Augen starrten in die des Vikars. Dann mühte er sich mit einem Keuchen, die Unterlippe zwischen den Zähnen, in eine sitzende Stellung und musterte den Vikar vom Scheitel bis zur Sohle.

»Ein Mensch!« sagte der Engel und griff sich an die Stirn; »ein Mensch in den verrücktesten schwarzen Kleidern und ohne einer Feder. Dann habe ich mich nicht getäuscht. Ich bin tatsächlich im Land der Träume!«

H. G. Wells

CREMONA

Und plötzlich sind uns unsre Hüter fremd,
Die angstbeladenen Engel, wenn
Sie langsam unsre Herzen schließen
Um ihr ganz neues geheimes Wahrsein

Ivan Goll

TURIN

»Ich habe die Erscheinungsform angenommen, die Sie hier vor sich sehen, Maurice; denn um unter Menschen wirken zu können, wie ich es künftig tun will, muß ich mich Ihnen gleichmachen. Die himmlischen Geister haben die Fähigkeit, sich mit sichtbarer und fühlbarer Erscheinungsform zu bekleiden. Diese Form ist wirklich, weil sie Erscheinung ist, und es eine andere Wirklichkeit, als die Erscheinung, in der Welt nicht gibt.«

Der Engel fuhr fort:
»Die himmlischen Geister nehmen nach Belieben das männliche oder weibliche Geschlecht an oder beide zugleich. Aber sie können sich nicht jeden Augenblick nach ihrer Laune und ihren Einfällen verkleiden. Ihre Verwandlungen sind festen Gesetzen unterworfen, die Sie nicht verstehen würden. So hab' ich weder die Lust noch das Vergnügen, mich vor Ihren Augen zu Ihrem oder meinem Vergnügen in einen Löwen, einen Tiger, eine Mücke oder in einen Sykomorenstab umzugestalten, nach dem Beispiel jenes jungen Ägypters, dessen Geschichte man in einem Grabmal gefunden hat, oder aber mich in einen Esel zu verwandeln, wie es Lucius mit der Salbe der jungen Fotis tat. Meine Weisheit hatte im voraus die Stunde bestimmt, da ich den Menschen erscheinen sollte, und nichts konnte sie beschleunigen oder verzögern.«

ANATOLE FRANCE

GUBIO

Liefre ich euch alle meine teufel aus
verlassen mich mit ihnen meine engel

Ich werde einsam sein und es bereun
und nach hoffnung mich verzehren

Und vergebens werden von den eingestürzten
glockentürmen
hölzerne glocken läuten für mich

Grüner schnee wird nicht zu ende schnein
und kein weißer engel wiederkehren

Jan Skacel

CREMONA

Unter den dunklen Bogen unserer Schwermut
Spielen am Abend die Schatten verstorbener Engel.

Georg Trakl

BAYREUTH

So ein Engel tut gut, wenn er wartet, bis man ihm mitteilt, man bedürfe seiner. Das dauert manchmal länger, als er ahnt, er muß sich eben auch mäßigen, darf nicht meinen, er sei unersetzlich. Ich möchte nicht er sein, den ich zum Engel machte.

Ich vergöttlichte ihn, damit er mir nirgends mehr begegne, bildhaft-unveränderlich sei, ich stets hinblicken dürfe, je nach Bedürfnis und Belieben, Mut aus dem Anblick holend. Er tut mir beinah leid, er hat geglaubt, ich sei neugierig, werde hinter ihm herlaufen, indes ich ihn quasi in der Tasche habe oder wie ein Band um die Stirne. Ich geh' nicht mehr zu ihm, sein Wert umgibt mich, mit seinem Licht seh' ich mich umstrahlt. Wer zu geben verstanden hat, wußte auch zu nehmen. Beides will geübt sein.
Er entstand aus Mitleid, doch kann geschehen, daß ich Flehender mit ihm spiele. Er zweifelt, ihm bangt. Bald bin ich gläubig, bald ungläubig, und er muß es dulden, der Liebe.

Robert Walser

BUDAPEST

Als ich aufsah von meinem leeren Blatt,
stand der Engel im Zimmer.

Ein ganz gemeiner Engel,
vermutlich unterste Charge.

Sie können sich gar nicht vorstellen,
sagte er, wie entbehrlich Sie sind.

Eine einzige unter fünfzehntausend Schattierungen
der Farbe Blau, sagte er,

fällt mehr ins Gewicht der Welt
als alles, was Sie tun oder lassen,

gar nicht zu reden vom Feldspat
und von der Großen Magellanschen Wolke.

Sogar der gemeine Froschlöffel, unscheinbar wie er ist,
hinterließe eine Lücke, Sie nicht.

Ich sah es an seinen hellen Augen, er hoffte
auf Widerspruch, auf ein langes Ringen.

Ich rührte mich nicht. Ich wartete,
bis er verschwunden war, schweigend.

Hans Magnus Enzensberger

MÜNCHEN

Es gibt da die Engel der Sechs Welten des Verlangens und die fühlenden Wesen der verschiedenen Welten der Form. Die ersten sind die besser bekannten. Da die Engel in Hondas Traum sich miteinander amüsierten, die männlichen mit den weiblichen, schienen sie den Welten des Verlangens zu entstammen.

Sie tragen Lichter von sieben Farben, Feuer, Gold, Blau, Rot, Weiß, Gelb und Schwarz. Es ist als wogten riesige Kolibris mit Regenbogengefieder ein und aus.

Das Haar ist blau, die Zähne blitzen weiß, wenn sie lächeln. Die Körper sind schiere Weichheit und Reinheit. Ihre Augen blinzeln nicht.

Die männlichen und weiblichen Engel der Welten des Verlangens umschlingen einander beständig; die Engel aber der dritten Welt halten sich nur bei den Händen, die der vierten tauschen Gedanken, die der fünften wechseln Blicke, die der sechsten und höchsten wechseln Worte.

Yukio Mishima

NIZZA

An der schwelle des XX. jahr-
hunderts schien es, die engel wären
von uns für immer gegangen und
alle spur nach ihnen sei verloren.

Sie wurden noch da und dort in den
bestattungsinstituten beschäftigt.
Zuweilen stützten sie auch die
baldachine von gestern. Doch im
grunde blichen sie in der untätigkeit
dahin und verwandelten sich in
rosafarbenen puder.

Die wirkliche renaissance der engel
begann mit dem aufschwung der
luftfahrt. Man könnte sagen, ohne zu
übertreiben, sie seien zur erde
zurückgekehrt und hätten die wangen-
röte des lebens wiedergewonnen.
Sie helfen die hoch über den ozeanen
hängende laufbrücke passieren.
Aus den lautsprechern in den flug-
häfen sickern ihre hohen und irrealen
stimmen mild, als wollten sie uns
überzeugen, es gäbe noch eine
rettung.

Sie sprechen in allen zungen,
doch für die himmelfahrt und für
die katastrophe haben sie nur
ein einziges lächeln.

ZBIGNIEW HERBERT

BERLIN

Ich glaube, Engel haben Flügel einzig und allein zu dem Zweck, unser Kausalitäts-Bedürfnis zu befriedigen. Denn auch Überirdische, für die der Kodex, den wir »Naturgesetze« nennen, nicht gilt, können wir uns nicht anders vorstellen, als mehr oder minder doch eingeflochten in das Netz irdischer Bedingtheiten, als doch der Realität, wie wir sie kennen, verhaftet.

Also denken wir die Engel mit Flügeln ausgestattet. Hiermit aber tun wir ihrem Übernatürlichen Abbruch, versündigen uns gleichsam an ihrer Unbegreiflichkeit. Als ob himmlische Wesen, zwecks Fortbewegung in der Luft, auf ein System von biegsamen Rippen und Federn angewiesen wären wie die Vögel!

Wie denn also sollten wir uns Engel vorstellen? Das alte Testament gibt hierauf erschöpfende Antwort: »Du sollst dir kein Bildnis machen weder des, das oben im Himmel, noch des, das unten auf Erden, oder des, das im Wasser unter der Erde ist.« Danken wir dem weisen Gesetzgeber, daß er unsere Phantasie von der verzweifelten Aufgabe losgesprochen hat, sich Nichtvorstellbares vorzustellen.

Auch die unwahrscheinlichsten Fabelwesen, jemals von Dichtern oder bildenden Künstlern ausgedacht, sind doch immer nur (mehr oder weniger kühne) Abwandlungen, Verzerrungen, Deformierungen menschlicher oder tierischer Erscheinung. Ein Phantasiegeschöpf zu erfinden, in dessen Bau kein Stückchen menschlicher oder tierischer Anatomie enthalten wäre, ginge über die Grenzen auch der höchsten Einbildungskraft.

Alfred Polgar

Trennung
ist unser Loos
Wiedersehen
unsere
Hoffnung.

Und er sah den Erzengel, weiß wie der Schnee, sitzend auf einer riesigen Kristallkugel , die er durch die Weiten wolkenloser Nächte lenkt, als wäre es ein silberner Nachen auf der Wasserfläche eines blauen Sees.

Gustavo Adolfo Bécquer

BERLIN

»Was für eine Art von Engel sind Sie?« fragte Manischevitz streng.

»Ein echter Engel Gottes, innerhalb der vorgeschriebenen Grenzen«, antwortete Levine, »nicht zu verwechseln mit irgendeiner Sekte, einem Orden oder einer Organisation hier auf Erden, die unter ähnlichem Namen wirkt.«

Manischevitz war ganz verstört. Er hatte sich auf allerhand gefaßt gemacht, aber darauf nicht. Wie konnte – vorausgesetzt, daß Levine überhaupt ein Engel war – man seiner so spotten, seiner, eines treuen Dieners des Herrn, der von Kind an in der Synagoge gelebt hatte, immer um das Wort Gottes bemüht gewesen war? Um Levine zu prüfen, sagte er: »Wo sind denn Ihre Flügel?«

Der Neger errötete, soweit das möglich war. Manischevitz sah es an seinem veränderten Gesichtsausdruck.

»Unter gewissen Umständen verlieren wir Vorrechte und charakteristische Eigenschaften, wenn wir auf die Erde hinuntersteigen, ganz gleich, aus welchem Grunde oder zu wessen Wohl es geschieht.«

»Dann sagen Sie mir, wie Sie hierhergekommen sind«, sagte Manischevitz triumphierend. »Ich wurde hierher versetzt.«

...Der Schneider konnte sich nicht von dem Gedanken befreien, daß er das Opfer eines Spaßmachers war. »Sieht so ein jüdischer Engel aus?« fragte er sich. »Davon bin ich nicht überzeugt.« Dann stellte er eine letzte Frage: »Wenn Gott mir einen Engel schickt – warum dann einen schwarzen? Warum schickt er keinen weißen, da es sie doch in Scharen gibt.«

»Ich war an der Reihe, als nächster zu gehen«, erklärte Levine.

Bernard Malamud

SALZBURG

Eines Tages las ich Youngs Nachtgedanken, und als ich zu dem Abschnitt kam, in dem er fragt »wer vermag einen Engel zu malen«, schloß ich das Buch und rief aus – »Jawohl! – wer vermag einen Engel zu malen?« Eine Stimme im Raum erwiderte: »Michelangelo konnte es.« »Und woher weißt du das«, fragte ich, indem ich mich umsah; ich sah aber nur ein intensiveres Licht als üblich. »Ich weiß«, sagte die Stimme, »denn ich habe ihm gesessen: ich bin der Erzengel Gabriel.« »Oho!« antwortete ich, »das bist du also, sieh an; aber dafür muß ich schon eine bessere Bestätigung haben als die einer wandernden Stimme; du könntest ein böser Geist sein – solche gibt es in diesem Land.« »Du sollst eine gute Bestätigung haben«, sprach die Stimme, »kann wohl ein böser Geist so etwas zustande bringen?« Ich sah dahin, woher die Stimme kam, und nahm dann eine schimmernde Form wahr, mit leuchtenden Flügeln, welche viel Licht verbreiteten. Als ich noch schaute, wurde die Gestalt größer und größer: er winkte mit den Händen; das Dach meines Ateliers öffnete sich; er fuhr zum Himmel auf; er stand in der Sonne, und, indem er mir winkte, bewegte er das Universum. Ein Engel des Bösen hätte das nicht bewirken können – es war der Erzengel Gabriel.

Allan Cunningham

BERLIN

Das kleine Mädchen mit dem Stern auf der Stirn, das mit dem Tanz auf dem großen Gummiball, ist an der Reihe. Der Ball kommt hereingerollt, und hinter ihm läuft das kleine Mädchen mit dem Stern auf der Stirn. Ist das ein wunderschöner Stern! leuchtend, glänzend.
Und das kleine Mädchen, ein ganz niedliches, zartes Engelsgeschöpf mit (Wunder der modernen Technik) wunderhübschen, prächtigen kleinen Flügeln auf dem Rücken.
Es macht eine solch reizende Verbeugung, daß die Zuschauermenge in Beifall ausbricht.
Jetzt macht es sich bereit, auf den Ball zu steigen. Gedämpft fängt die Musik an zu spielen, während die Lichter ausgehen. Nur ein Scheinwerfer beleuchtet das kleine Mädchen mit dem Stern auf der Stirn, und alle sehen es hingerissen an. Manch einer hat es bereits lieb, manch anderer, der das Kunststück schon anderswo gesehen hat, staunt, wie sich das kleine Mädchen in einem Jahr ein solch engelhaftes Gesicht zugelegt hat (Wunder der Schminkkunst; so jung und schon so erfahren in der Kunst des Sichzurechtmachens). – Es springt auf den Ball, der auf den Schub davonrollt, und tanzt, wie man in dieser Stadt nie zuvor und keiner der Zuschauer je zuvor hat tanzen sehen. Es fliegt ja beinah wie ein Engel. Und unendlich weich, zärtlich begleitet es die Musik zu dem zauberischen Tanz.

Schließlich rollt der Ball mitten in der Arena aus und die Musik hört auf zu spielen. Die Menge will stürmisch Beifall klatschen und wartet darauf, daß das kleine Mädchen mit dem Stern auf der Stirn auf den Boden springt. Statt dessen aber schlägt die kleine Tänzerin mit den Flügeln, erhebt sich langsam und sicher zum Flug, steigt hinauf bis zu dem Kronleuchter in der Mitte und fliegt durch den großen Schlitz davon, während Beifallsgewoge aufbraust und das Jubelgeschrei die Zirkuspfeiler erzittern läßt. Die Menge ist ganz außer sich vor Begeisterung und will eine Zugabe: Man möchte ihr doch wenigstens das letzte Stück Flug, von der Arenamitte zum Kronleuchter hinauf und weiter (ein wahres Wunder der modernen Technik), noch einmal gönnen.

Der Direktor weiß sich aber gerade den großen Flug nicht zu erklären, läuft in die Garderobe des kleinen Mädchens und findet es dort tatsächlich auf dem Bett, ohne den Stern auf der Stirn, eiskalt, tot, ohne Puder und deswegen noch ein bißchen häßlicher als sonst. Sie hat sich nicht einmal ihr Kostüm für den Auftritt, den Flügel und den Stern aus dem Reisekoffer geholt.

Für sie, für die kleine Tote, hat das letzte Mal ein richtiger Engel aus dem Paradies getanzt.

Enrico Morovich

Von stählernem Glanz umwittert
taucht Ihr aus den Staubwolken
hinter den Automobilen auf,
man hört Euern Gesang,
der wie hohe Harfentöne
im Luftzug zittert.

René Schickele

PERUGIA

Ich suche allerlanden eine Stadt,
Die einen Engel vor der Pforte hat.
Ich trage seinen großen Flügel
Gebrochen schwer am Schulterblatt
Und in der Stirne seinen Stern als Siegel.

Else Lasker-Schüler

ROM

Renata muß etwa acht Jahre alt gewesen sein, als ihr zum ersten Male in ihrem Zimmer in einem Sonnenstrahl ein Engel erschien; er war wie aus Feuer und trug ein schneeweißes Gewand. Sein Antlitz strahlte, seine Augen waren blau wie der Himmel, und seine Locken schienen aus lauter feingesponnenen Goldfäden zu sein. Der Engel nannte sich Madiel. Renata war keineswegs erschrocken, sie und der Engel spielten an jenem Tage mit ihren Puppen. Danach kam der Engel oft, fast täglich; immer war er fröhlich und gut, und dem Mädchen war er bald lieber als alle Verwandten und Gespielinnen. Dank seiner unerschöpflichen Erfindungsgabe wußte Madiel Renata mit Scherzen oder Geschichten zu unterhalten, und wenn sie betrübt war, tröstete er sie sanft. Bisweilen erschien Madiel mit seinen Gefährten; auch sie waren Engel – aber keine feurigen –, sie trugen purpurne oder violette Gewänder; doch waren sie weniger zärtlich. Madiel hatte es Renata aufs strengste verboten, von seinen heimlichen Besuchen zu sprechen, und selbst wenn sie seine Forderung nicht erfüllt hätte, so hätte ihr doch niemand geglaubt, man hätte gesagt, sie verstelle sich oder dächte sich alles nur aus.

Zuweilen legte sich Madiel zu Renata ins Bett, er schmiegte sich an sie wie eine Katze und verbrachte so die Zeit neben ihr bis zum Morgen. In solchen Nächten geschah es, daß der Engel Renata auf seinen Flügeln weit fort trug; er zeigte ihr fremde Städte, herrliche Dome oder sogar überirdische, strahlende Siedlungen; doch wenn es Morgen wurde, befand sie sich, ohne zu wissen wie, stets wieder in ihrem Bette.

Walerij Brjussow

MÜNCHEN

Es sei der Mensch nicht unwürdig des Engels
dessen Schwert ihn hütet
seit ihn jene Liebe zeugte
die Sonne und Sterne bewegt
bis zum Jüngsten Tag da der Donner
in der Trompete dröhnt.
Er zerre ihn nicht in grelle Bordelle
noch in Paläste errichtet vom Hochmut
noch in besinnungslose Schänken.
Er erniedrige sich nicht zum Flehen
noch zur Schande des Jammerns
noch zu märchenhafter Hoffnung
noch zu den kleinen Magien der Angst
noch zum Trugbild des Gauklers;
der Andere sieht ihn.
Im offenen Tag oder im Schatten
bezeugt ihn der unablässige Spiegel;
keine Träne besudle dessen Glas.

Herr, möge ich am Ende meiner Tage auf Erden
den Engel nicht entehren.

Jorge Luis Borges

TURIN

Es kam der, den ich liebte,
der, den ich gerufen.

Nicht jener, der schutzlose Himmel fegt,
Gestirne ohne Unterschlupf,
Monde ohne Heimat,
Schnee.
Schnee, wie er einer Hand entrieselte,
ein Name,
ein Traum,
eine Stirn.

Nicht jener, der sich den Tod
ums Haar geschlungen hat.

Der, den ich liebte.

Ohne die Lüfte zu schrammen,
ohne Blätter zu ritzen oder Fenster zu rütteln.

Jener, der sich die Stille
ums Haar geschlungen hat.

Um hier, ohne mir wehzutun,
ein Flußbett lieblichen Lichts in meiner
    Brust zu graben
und meine Seele schiffbar zu machen.

Rafael Alberti

BERGAMO

Ich weiß nicht genau, wo die Engel leben, ob in der Luft, im leeren Raum oder auf den Planeten; Gott hat nicht gewollt, daß wir davon Kenntnis erhielten.

VOLTAIRE

AUGSBURG

Die Liebe eines Engels jedoch ist erhaben, göttlich, anbetungswürdig; sie steht weit – unendlich weit – jenseits der Vorstellungskraft des Menschen. Doch auch sie ist auf ihre eigene, hohe Art beschränkt. Richtete sie sich auch nur für einen Augenblick auf einen Menschen, sie würde ihn zu Asche verbrennen. Nein, wir können die Menschen nicht lieben. Wir können ihnen in harmloser Gleichgültigkeit begegnen, dann und wann können wir sogar Zuneigung zu ihnen fassen.

MARK TWAIN

WIEN

Weiß sah ich einen Engel vor mir stehn.
Sein Flug, so blendend, hatte Sturmeswehn
Und fernen Meereslärm zur Ruh gebracht.
»Was willst du, Engel, tun in dieser Nacht?«
Rief ich. Und er: »Ich will die Seele dein.«
Mir schien, was bang ich sah, ein Weib zu sein;
Und wehrend streckt' ich meine Arme hin
Und schrie: »Was bleibt mir? Denn du willst ja fliehn.«
Doch Schweigen nur. Der Himmel, schattentief,
Erlosch… »Nimmst meine Seele du«, ich rief,
»Sag, welchem Orte trägst du sie denn zu?«
Noch immer Schweigen. »Himmelsbote du,
Bist du der Tod, sprich, bist du Leben gar?«
Da, reich von Nacht mein Herz auf einmal war.
Und sich umdunkelnd, schöner doch als Licht,
»Ich bin die Liebe!« jetzt der Engel spricht.
Im Dunkeln sah ich seiner Augen Glanz
Und durch sein Schwingenpaar der Sterne Kranz.

Victor Hugo

BERLIN

Der dramatische Abschied DES WIRKLICHEN ENGELS mit SEINEN SO EIGENTÜMLICHEN FARBEN und SEINEN DÜFTEN nach Glut und Dunkel – und nach Licht – und SEINEM SANFTEN FLÜSTERN, dem leisen Säuseln und Summen,

vermischte sich mit dem unerwarteten und vorzeitigen Aufgehen des Mondes, einer Silberrose, die plötzlich in der Dämmerung erschien, voll, entgegen jeder Wahrscheinlichkeit, in Höhe der Baumwipfel – den Tierkreis, die Zeit hatte ein plötzlicher Schwindel ergriffen. Vielleicht eine Illusion, auf falscher Deutung der Tatsache beruhend, daß DER ENGEL sich mir, sich uns entzog, daß diese Energie im All spielte wie auch in der nächsten und nahen Atmosphäre und die Dunkelheit mit engelsfarbenen Strahlen illuminierte.

HAROLD BRODKEY

WIEN

Wer, wenn ich schriee, hörte mich denn aus
der Engel
Ordnungen? und gesetzt selbst, es nähme
einer mich plötzlich ans Herz: ich verginge von
seinem
stärkeren Dasein. Denn das Schöne ist nichts
als des Schrecklichen Anfang, den wir noch
grade ertragen,
und wir bewundern es so, weil es gelassen
verschmäht,
uns zu zerstören. Ein jeder Engel ist schrecklich.

Rainer Maria Rilke

Immerhin gibt es mindestens eine Bibelstelle, die suggeriert, daß Engel die ganze Schwere von Menschen annehmen können.
Wenn Engel also, falls erforderlich, etwa 90 Kilo wiegen können, wie groß müßten ihre Flügel sein, um ein solches Gewicht vom Erdboden zu erheben oder ihnen wenigstens das Schweben zu ermöglichen?

Die größten Vögel, wie der weiße Pelikan oder der Riesenschwan, haben ein Gewicht von etwa 11 bis 14 Kilo. Sie brauchen eine Flügelspannweite von ungefähr vier Metern, um diese Last zu heben. Den Rekord für effizientes Heben hält die kanadische Gans, die pro Quadratdezimeter Flügelfläche zwei Kilo Gewicht trägt. Die meisten Vögel schaffen allerdings kaum mehr als 250 Gramm pro Quadratdezimeter Federtragfläche.

Wenn wir eine mittlere »Hubkraft« zugrundelegen, braucht ein großer Engel mit vollem irdischem Gewicht von etwa 90 Kilo eine Flügelspannweite von 12 bis 40 Metern. Das entspricht etwa der Größe eines modernen Drachenfliegers, obwohl dessen Flügel nur zum Gleiten und Schweben benutzt werden können. Es bedeutet, daß die zierlichen Renaissanceflügel nur mit Hilfe einer ziemlich großen Portion dichterischer Freiheit durch unsere Welt flattern.

MALCOLM GODWIN

WIEN

Diese Engel besaßen einen physischen Leib; sie hatten Flügel auf dem Rücken – ebenso wie Merkur sie nach heidnischer Auffassung an den Füßen hatte; und bisweilen versteckten sie sie unter ihrem Gewand. Und wie hätten sie keinen Leib besitzen können, wenn sie doch aßen und tranken und wenn doch die Einwohner von Sodom versuchten, die Engel, die Lot besuchten, geschlechtlich zu mißbrauchen?

VOLTAIRE

Eines Tages, wenn das Gestein sich nicht mehr wandelt
 in Sand
Wenn das Meer sich zurückzieht aus meinem Herzen
Kehrt auch der feuerhaarige Engel zurück
Um Gerechtigkeit auszuüben

IVAN GOLL

MÜNCHEN

Nein, es kannten dich nicht
die bekannten Seelen.
Doch die meine.

Wer bist du, sag, daß wir uns nicht an dich erinnern,
weder aus Erden- noch aus Himmelstagen?

Dein Schatten, sag uns – aus welchem Raum?
Welches Licht hat ihn verändert, sprich,
bis in unseren Herrschaftsbereich?

Von wo kommst du, sag,
wortloser Schatten,
daß wir uns nicht an dich erinnern?
Wer schickt dich?
Wenn du ein Blitz warst in irgendeinem Traum –
Blitze vergißt man, sind sie erst mal erloschen.

Und als Unbekannte
töteten dich die bekannten Seelen.
Nicht die meine.

Rafael Alberti

WIEN

Der Engel ist in allen Dingen.
Ich erblinde an ihm.
Ohne Traum weilt mein Mund
in seinem Haar.
Meine Hand rührt sein Gesicht
wie eine Harfe.
Meine Gedanken sind lose
und kühl wie Waldblumen.
Ich liebe ihn.

Friederike Mayröcker

ROM

Seit mich mein Engel nicht mehr bewacht,
kann er frei seine Flügel entfalten
und die Stille der Sterne durchspalten, –
denn er muß meiner einsamen Nacht
nicht mehr die ängstlichen Hände halten –
seit mich mein Engel nicht mehr bewacht.

Rainer Maria Rilke

TURIN

vielleicht ungelebte, verleugnete,
scheinbare wesen, in der
gesammelten leichtigkeit ihrer düfte,
heben sich vielblättrig über den
horizont, eilen ohne verwirrung eine
der sternbahnen aufwärts

lächeln

und beklagen doch großäugig
ihre stets erneute entwurzelung,
ohne die sie nicht schwebten –

kommen dann schnell vom zenit,
wer weiß, oder einer geheimen
zuflucht sehr hoch im gewölbe
abwärts, ein trockner, erleuchteter
regen, unsere ahnung zu kühlen
mit gänzlich fremder ähnlichkeit.

JOHANNES POETHEN

NIZZA

Als sie älter wurde und sah, daß ihre Altersgenossinnen Verlobte oder Liebhaber hatten, richtete sie an ihren Engel die eindringliche Bitte, er möge sich ihr auch körperlich zu eigen geben, denn er selbst hätte gesagt, die Liebe sei das höchste Gut, und wie könne es sündhaft sein, wenn sich Liebende so eng als möglich miteinander verbänden? Madiel wurde tieftraurig, als Renata von ihren leidenschaftlichen Wünschen sprach; sein Antlitz – so erzählte sie – sah bei ihren Worten aus wie glühende Asche, wie die Sonne, die man durch dichte Nebelschwaden hindurch erblickt.

Er verbot Renata auf das strengste, an die Lüste des Fleisches auch nur zu denken, er erinnerte sie an die unermeßliche Glückseligkeit der gerechten Seelen im Paradiese, in welches keiner käme, der den Versuchungen des Fleisches nicht widerstanden hätte. Da Renata nicht wagte, offen auf ihren Wünschen zu beharren, beschloß sie, durch List ihr Ziel zu erreichen. Wie in den Tagen der Kindheit bat sie Madiel, eine Nacht bei ihr im Bette zu verbringen, sie umarmte ihn, ließ ihn nicht los und war mit allen Mitteln bestrebt, eine Vereinigung zu erzwingen. Der Engel aber wurde von gewaltigem Zorne erfüllt, er verwandelte sich in eine Feuersäule, versengte Renatas Schultern und Haare und entschwand.

Walerij Brjussow

...O wie gefallen, o wie ungleich
Dem, der im Reich des Lichts, mit Glanz umwallt,
Myriaden hellster Engel überstrahlte.

JOHN MILTON

Die himmlischen Geister unterscheiden sich in ihrer Erscheinung nach der Rangklasse und dem Chor, dem sie angehören, und nach ihrer eigenen Natur. Schön sind sie alle, aber sie sind es auf verschiedene Art und bieten nicht alle dem Blick jene weichen Rundungen und lachenden Grübchen des kindlichen Fleisches, auf dem ein Widerschein von Perlmutter mit dem Leuchten des Spinells spielt. Nicht alle sind in ewiger Jugend mit jener doppeldeutigen Anmut geziert, wie sie die griechische Kunst auf ihrem Abstieg in dem zärtlichsten ihrer Marmorbilder festgehalten hat, und von der so viele Male die christliche Malerei schüchtern zur Rührung zermürbte und verschleierte Bilder gab. Es gibt welche, deren Kinn ein buschiger Bart wärmt und deren Glieder so starke Muskeln nähren, daß es aussieht, als ob sich Schlangen unter der Haut winden. Die einen haben gar keine Flügel, andere besitzen zwei, vier oder sechs, und einige sind bloß aus gepaarten Schwingen gebildet. Einige, die nicht zu den am wenigsten erhabenen gehören, stellen stolze Ungeheuer dar wie die Zentauren der Fabel.

ANATOLE FRANCE

NIZZA

Der Engel in dir
freut sich über dein
Licht
weint über deine Finsternis

Aus seinen Flügeln rauschen
Liebesworte
Gedichte Liebkosungen

Er bewacht
deinen Weg

Lenk deinen Schritt
engelwärts

Rose Ausländer

PERUGIA

Rafael Alberti
S. 142: *Die rachsüchtigen Engel,*
S. 124: *Der gute Engel,*
aus *Über die Engel,*
aus dem Span. von Fritz Vogelsang,
Klett Cotta, Stuttgart 1981

John Ashbery
S. 42: *Selbstporträt im konvexen Spiegel,*
aus dem Amerik. von Joachim Sartorius/Christa Cooper, Hanser, München/Wien

Rose Ausländer
S. 156: *Der Engel in dir,*
aus *Die Sichel mäht die Zeit zu Heu,*
S. Fischer, Frankfurt a.M. 1985
S. 85: *Februar,*
aus *Mein Venedig versinkt,*
S. Fischer, Frankfurt a.M. 1982

Charles Baudelaire
S. 28: *Stellvertretung,*
aus *Die Blumen des Bösen,*
aus dem Franz. von Friedhelm Kemp,
Hanser, München/Wien 1975

Gustavo Adolfo Bécquer
S. 108: *Glaubt an Gott,*
aus *Die grünen Augen,*
aus dem Span. von Fritz Vogelsang,
Klett Cotta, Stuttgart 1982

Jorge Luis Borges
S. 122: *Der Engel,*
aus *Besitz des Gestern,* Band 17,
aus dem Span. von Gisbert Haefs,
Hanser, München/Wien 1993

Harold Brodkey
S. 10, 50, 72, 132: *Engel,* aus *Engel,*
aus dem Engl. von Angela Praesent,
Rowohlt, Reinbek 1991

Walerij Brjussow
S. 120, 150: aus *Der feurige Engel,*
aus dem Russ. von Reinhold von Walter, DuMont, Köln 1990

Allan Cunningham
S. 112: *Wie man Engel malt,*
aus *Haffman's Himmlisches Hausbuch der Engel,* aus dem Engl.
von Mara Mauermann,
Haffmans, Zürich 1993

Hans Magnus Enzensberger
S. 100: *Die Visite,*
in *Akzente* 1/94, Hanser, München/Wien 1994
© Hans Magnus Enzensberger

Anatole France
S. 18, 40, 80, 92, 154: aus *Aufruhr der Engel,* aus dem Franz. von Rudolf Leonhard, Georg Müller Verlag, München 1912

Max Frisch
S. 14: *Der Schutzengel,*
aus *Tagebuch 1946–49,*
Suhrkamp, Frankfurt a.M. 1950

Malcolm Godwin
S. 136: *Engel – eine bedrohte Art,*
aus dem Engl. von Dagmar Kreye/Christa Boeckel, Zweitausendeins,
Frankfurt a.M. 1990

Claire Goll
S. 34: *Staub,*
aus *Die Antirose,*
Limes, Wiesbaden/München 1967

Ivan Goll
S. 90: *Das neue Wahrsein,* 1. Fassung,
aus *Die Antirose,*
Limes, Wiesbaden/München 1967
S. 140: *Elegie des armen Ich,*
aus *Ausgewählte Gedichte,*
Luchterhand, Neuwied 1960

Peter Hacks
S. 52: *Die Feder,* aus *Die Gedichte,*
Aufbau, Berlin 1988

Zbigniew Herbert
S. 22: *Das Verhör des Engels,*
aus *Inschrift,*
aus dem Poln. von Karl Dedecius,
Suhrkamp, Frankfurt a.M. 1967/73
S. 30: *Der siebte Engel,*
S. 104: *Engel der Zivilisation,*
aus *Das Land, nach dem ich mich sehne,*
aus dem Poln. von Karl Dedecius,
Suhrkamp, Frankfurt a.M. 1987

Victor Hugo
S. 76: aus *Die Elenden,*
aus dem Franz. von Paul Wiegler/Wolfgang Günther, Verlag Volk und Welt, Berlin 1983
S. 130: *Erscheinung,*
aus *Das französische Gedicht von André Chemier bis zur Gegenwart,*
Hrsg. u. übertragen von Max Rieple,
Südverlag, Konstanz 1947

Jean Paul
S. 60: *Der Tod eines Engels,*
aus *Sämtliche Werke,*
G. Reimer, Berlin 1840

Leszek Kolakowski
S. 58: *Dem Dämon ist jenes Tor am breitesten…,*
aus *Gespräche mit dem Teufel,*
aus dem Franz. von Janusz von Pilecki,
Piper, München 1968

Else Lasker-Schüler
S. 70: *An mein Kind,*
aus *Mein blaues Klavier,*
Gedichte 1902–43,
Kösel, München 1959
S. 118: *Gebet,*
aus *Gesammelte Werke,* Band I,
Gedichte 1902–1943,
Hrsg. v. Friedhelm Kemp, Kösel,
München 1959

Patrick McGrath
S. 86: *Der Engel,*
aus *Wasser und Blut,*
aus dem Engl. von Brigitte Walitzek,
Fischer, Frankfurt a.M. 1989

Mark Twain
S. 62, 66: *Käptn Stormfields abenteuerliche Himmelsreise,* aus dem
Amerik. von Friedrich Minssen,
Langen Müller, München/Wien 1985
S. 78: *Jener Tag in Eden – Aus Satans Tagebuch,*
aus *Adam, Tod und Teufel,* aus dem
Amerik. von Friedrich Minssen,
Langen Müller, München/Wien 1983
S. 128: *Der geheimnisvolle Fremde,*
aus *Die besten Geschichten,*
aus dem Amerik. von Helmut und
Christel Wiemken, Carl Schünemann,
Bremen (Sammlung Dietrich) 1960

Bernard Malamud
S. 110: *Ein Engel namens Levine,* aus
Das Zauberfaß und andere Geschichten,
aus dem Amerik. von Annemarie Böll,
Kiepenheuer & Witsch, Köln 1962

Giambattista Marino
S. 36: *Bethlehemitischer Kindermord,*
aus Mario Praz *Liebe, Tod und Teufel,*
aus dem Ital. von Lisa Rüdiger,
Hanser, München/Wien 1963

Friederike Mayröcker
S. 144: *In Weisz und Grün,* aus
Blaue Erleuchtungen – Erste Gedichte,
Eremiten Presse, Düsseldorf 1975

John Milton
S. 26, 32, 38, 152: aus *Das verlorene Paradies,* aus dem Engl.
von Bernhard Schuhmann,
Winkler, München 1966

Yukio Mishima
S. 102: *Hondas Traum,*
aus *The Decay Of The Angel,*
New York 1974, übersetzt von Ulrich
Raulff, entnommen TUMULT Nr. 6/
1983 *Engel*

Enrico Morovich
S. 114: *Der Engel,*
aus dem Ital. von Sabine Schneider,
Rowohlt, Reinbek, unveröffentlicht

Cees Nooteboom
S. 56: aus *Selbstbildnis eines anderen,*
Cees Nooteboom/Max Neuman,
aus dem Niederländ. von Helga van
Beuningen, Kleinheinrich,
Münster 1993
(Niederländ. Literatur der Moderne 4)

Johannes Poethen
S. 148: *Wesen,*
Vom Zweifel abgetaute Fahrten,
aus *Ankunft und Echo,*
Fischer, Frankfurt a.M. 1961

Alfred Polgar
S. 106: *Wozu braucht der Engel Flügel,*
aus *Kleine Schriften,*
Rowohlt, Reinbek 1982

Rainer Maria Rilke
S. 12: *Engellieder,*
S. 46: *Die Engel,*
aus *Das Buch der Bilder/*
Des ersten Buches erster Teil
Sämtliche Werke, Band I,
S. 48: *Die siebente Elegie,*
S. 74: *Die zweite Elegie,*
S. 134: *Die erste Elegie,*
aus *Duineser Elegien,*
Sämtliche Werke, Band II,
Insel, Wiesbaden 1957
S. 146: *Die frühen Gedichte,*
Sämtliche Werke, Band I,
Insel, Wiesbaden 1955

Nelly Sachs
S. 24: *Alle landmessenden Finger,*
S. 54: *Der versteinerte Engel,*
aus *Späte Gedichte,*
Suhrkamp, Frankfurt a.M. 1965

René Schickele
S. 116: *Ode an die Engel,*
in: März VI, Okt.–Dez. 1913,
S. 858–859

Jan Skacel
S. 94: *Engel,*
aus *Wundklee,*
aus dem Tschech. von Reiner Kunze,
Fischer, Frankfurt a.M. 1982

Georg Trakl
S. 96: *Untergang* 4. Fassung,
aus *Die Dichtungen von Georg Trakl,*
1. Ges. Ausgabe, Hrsg. von K. Röck,
Leipzig 1919

Karl Valentin
S. 64: *Im Jenseits,*
aus *Das große Karl Valentin Buch,*
Hrsg. von Michael Schulte,
Piper, München 1975

Francois Marie Aronet de Voltaire
S. 126, 138: *Philosophisches Wörterbuch,*
Textzitat aus Paola Giovetti *Engel,*
Ariston, Genf 1991

Keto von Waberer
S. 44: *Engel,*
© Keto von Waberer, München,
unveröffentlicht

Robert Walser
S. 98: *Der Engel,*
aus *Das Gesamtwerk,* Band III,
Suhrkamp, Frankfurt a.M. 1978
© Carl-Seelig-Stiftung Zürich

H. G. Wells
S. 16, 20, 82, 88: *Der Besuch,*
aus dem Engl. v. Hermann Fuchs,
Ullstein, Frankfurt a.M./Berlin/
Wien 1984

Rudolf Otto Wiemer
S. 68: aus *Bethlehem ist überall – Geschichten und Gedichte zur Weihnachtszeit,*
Gütersloher Verlagshaus Gerd Mohn,
Gütersloh 1979

Der Verlag dankt den Inhabern der Rechte für die Genehmigung zum Abdruck der Texte. Für einige Texte waren die Inhaber der Rechte leider nicht zu ermitteln. Rechteinhaber dieser Texte werden gebeten, sich an den Verlag zu wenden.

Sonderausgabe 2003

Bibliografische Information Der Deutschen Bibliothek
Die Deutsche Bibliothek verzeichnet diese Publikation in der Deutschen Nationalbibliografie; detaillierte bibliografische Daten sind im Internet über http://dnb.ddb.de abrufbar.

Buchgestaltung: Zembsch' Werkstatt, München
Lithografie: Findl & Partner, Icking
Satz: typostudio, München
Druck: Weber Offset, München
Printed in Germany

ISBN 3-89660-152-0

www.knesebeck-verlag.de